**DIE KUNST ÜBER GELD NACHZUDENKEN**

## 코스톨라니가 말하는 10가지 권고 사항

1. 매입 시기가 되었다고 판단되면 어느 나라의 무슨 업종 주식을 매입할지 결정하라.
2. 압박감에 시달리지 않도록 돈을 충분히 확보하고 움직여라.
3. 인내심을 가져라. 모든 것이 당신의 생각과 다르게 진행될 수 있음을 잊어서는 안 된다.
4. 확신이 있다면 강경하고 고집스럽게 밀어붙여라.
5. 유연하게 행동하고 자신의 생각에 오류가 있을 수 있음을 인정하라.
6. 새로운 국면으로 접어드는 것이 보이면 그 즉시 팔아라.
7. 때때로 보유한 종목의 가치를 점검하면서 지금이라도 샀을 것인지 검토하라.
8. 대단한 상상이 가능할 때만 매수하라.
9. 예측하기 힘든 리스크까지 전부 계산하라.
10. 자신의 주장이 옳더라도 겸손하라.

## 코스톨라니가 말하는 10가지 금기 사항

1. 무작정 추천을 따르거나 은밀하게 오가는 정보에 귀 기울이지 마라.
2. 파는 사람이 왜 파는지, 또는 사는 사람이 왜 사는지 그들이 알고 있을 것이라 확신하지 마라. 다른 사람들이 더 많이 알고 있는 것 같다고 그들의 말에 신경 쓰지 마라.
3. 손실을 다시 복구하려고 하지 마라.
4. 옛 시세에 연연하지 마라.
5. 주식을 사놓고 언젠가는 주가가 오를 것이라는 막연한 기대에 그 주식을 잊고 지내지 마라.
6. 지속적으로 미세한 시세 변화를 주시하거나 단조로운 창법의 변화에 기민하게 반응하지 마라.
7. 당장 어디서 수익 또는 손실이 일어났는지 시시때때로 계산하지 마라.
8. 단기 수익을 얻으려고 팔지 마라.
9. 정치적 성향, 다시 말해 지지나 반대에 의해 심리적 영향을 받지 마라.
10. 이익이 생겼다고 교만해지는 것은 금물이다.

# 1

주식에서 전문가의 조언으로 돈을 벌었다면,
성공한 것이다.
조언 없이 혼자 생각으로 돈을 벌었다면,
대단한 성공을 거둔 것이다.
전문가의 조언과는 정반대로 행동하여 돈을
벌었다면, 엄청난 성공을 거둔 것이다.

## 2

투자자는 재무 규정이나 법률 조항에서 간혹
발견되는 오자 내지 틀린 단어 덕분에 큰 이익을
보기도 한다.

# 3

아무리 바보라 할지라도 때로는
그에게서 주식 투자에
꼭 필요한 무언가를 배울 수 있다.

# 4

채권자가 좋은 채무자를 찾는 것도 중요하지만,
채무자가 좋은 채권자를 찾는 것이 훨씬
더 중요하다.

# 5

오늘날 금융 시장에 도사리고 있는 위험 요인은 너무나도 많은 돈이 그것을 다스릴 능력이 없는 사람의 수중에 들어가 있다는 사실이다.

# 6

낙천가는 주머니에 20원밖에 없어도 왕처럼
행동하는 사람이다.
비관론자는 금고에 돈이 넘쳐도 거지처럼
행동하는 사람이다.

# 7

"제가 보증합니다만…"이라는 표현을 자주 사용하는 투자 상담사가 많다.
하지만 그들의 말은 누가 보증할 것인가?

# 8

세계적으로 유명한 헝가리의 작가 프란츠 몰나르는
주식에 관한 상식이 전혀 없음에도 불구하고,
공매도 투자자들에 대해 너무나도 적절한 정의를
내렸다.
"구덩이를 파는 자는 다른 구덩이에 빠지기
마련이다."
이 말의 참뜻은 진정한 전문가만이 이해할 수
있을 것이다.

## 9

가장 완벽한 암거래상은 어떤 사람인가?
아마도 낯선 도시에 와서 제일 먼저 이렇게 묻는
사람일 것이다.
"이보게들, 이곳에서 금지되어 있는 것이
무엇인가?"

# 10

"여러분, 금고가 텅 비었습니다."
이 말보다 더 한 나라의 어려운 상황을 잘 설명하는 말은 없다.

# 11

은행직원이 어떤 제안에 "아니오"라고 대답하면, 그것은 "아마도"라는 뜻이다. 또 "아마도"라고 대답하면, 그 말은 "예"라는 뜻이다. 하지만 곧바로 "예"라고 대답한다면 결코 훌륭한 은행가라고 할 수 없다.

한편 투자자가 어떤 제의에 "예"라고 대답할 때, 그것은 "아마도"라는 뜻이다. 그리고 그가 "아마도"라고 대답하면 그것은 "아니오"라는 뜻이다. 만약 그가 금방 "아니오"라고 대답한다면, 그는 진짜 투자자가 아니다.

# 12

나는 주식과 투자에 대해서는 대답을 해줄 수 있다.
다만 그러기 위해서는 적절한 질문을 찾을 줄
알아야 한다.

# 13

부자지만 멍청한 사람의 경우에는 그가 부자라는 사실만이 사람들의 관심거리가 된다.
반면에 가난하고 멍청한 사람의 경우에는 그가 멍청하다는 것만 사람들의 입에 오르내린다.

# 14

엔지니어는 음주 상태에서 일을 해서는 안 된다. 하지만 투자자에게는 술을 마시는 것이 어느 정도 심리적 압박감을 해소해주기 때문에 도움이 될 수도 있다.

# 15

부도난 회사의 주식이나 재정적으로 어려움을 겪고 있는 국가의 부채 같은 유가증권의 큰 장점이 한 가지 있다면, 벽 장식으로 더할 나위 없이 잘 어울린다는 것이다.

# 16

사람들은 나를 흔히 '주식 전문가'라고 부른다. 내가 그와 같은 찬사를 받아들인다면, 그것은 내일 주식이 어떻게 될지 알기 때문이 아니라, 오늘 그리고 어제 주식이 어땠는지 알기 때문이다. 전문가라고 하는 사람이 그것조차 제대로 모르는 경우가 허다하기 때문에 그 정도 알고 있는 것만으로도 대단한 것이다. 더구나 그들은 뉴스가 주가를 좌우하는 것이 아니라 주가가 대개의 경우 뉴스가 된다는 사실조차 모르고 있다.

# 17

옛 격언에 의하면 주식시장은 음악 없는
몬테카를로*라고 한다. 하지만 나는 주식시장이란
음악이 넘치는 몬테카를로라고 주장하고 싶다.
다만 그 음악의 멜로디를 알아들으려면
안테나가 있어야 한다.

\* 몬테카를로: 모나코에 위치한 유명한 카지노.

# 18

투자 펀드에 아주 많은 돈이 몰리면,
그것은 상승의 제3단계가 곧 끝나간다는 징후다.

# 19

빈 출신의 시인이자 보헤미안인 페터 알테베르크는 구걸꾼으로도 유명했다. 어느 날 그는 자신의 남동생에게 다음과 같은 편지를 썼다.
"동생에게. 서둘러서 내게 1천 굴덴만 보내주면 고맙겠다. 내 돈은 모두 은행에 넣어두었기 때문에 돈이 한 푼도 없거든."

# 20

투자자에게는 그 사람이 실제로 원하는 것만 조언해주는 것이 좋다. 비현실적인 이익을 약속하면 항상 실망이 따르기 마련이다. 막대한 이익을 볼 것이라고 하면서 투자를 하지 말라고 하는 것은 불가능한 일이다.

# 21

투자자는 깊이 생각하지 않고 행동을 취하는 것보다 아무 행동도 취하지 않고 깊이 생각하는 것이 더 낫다. 오랜 세월 주식에 매달려온 투자자에게 가장 불행한 일은 경험을 많이 쌓은 대신 대담성을 잃어버린다는 것이다.

## 22

게임을 하는 사람에게 가장 큰 즐거움은 이기는 것이고, 그 다음으로 큰 즐거움은 지는 것이다. 왜냐하면 게임을 하는 사람에게 커다란 쾌감을 주는 것은 이기는 것과 지는 것 사이의 긴장감이기 때문이다. 지는 것이 없다면 긴장감도 없을 것이고, 그러면 당연히 즐거움도 없을 것이다.

# 23

투자자라면 적어도 한 번쯤은 결정적인 순간에 묘안이 번쩍 떠오르는 경험을 했을 것이다. 그 묘안을 이용하지 않는다면 다시 새로운 묘안도 쉽사리 떠오르지 않는다.

## 24

투자자는 딸 수도 있고 잃을 수도 있다.
그러나 잃은 돈을 다시 딸 수는 없다.

# 25

철저한 투자자는 시세가 서너 배로 오르리라 기대되는 주식만 매수한다. 그러다 주가가 열 배로 뛸 수도 있다. (나도 그런 경험을 여러 번 했다.)

# 26

어떤 상인이 물건을 팔아 두 배의 이득을 보면, 사람들은 사기를 친 것이라고 말한다. 그러나 주식 투자자가 주식을 팔아 두 배의 시세차익을 얻는 것은 아주 정상적이라고 생각한다.

# 27

바보들이 없는 주식시장이란 과연 어떨까?
또 슈퍼컴퓨터가 모든 것을 알게 된다면
주식시장은 어떻게 될 것인가?
이 두 가지 의문에 대한 나의 대답은 이렇다.
"주식시장은 더 이상 존재하지 않을 것이다."

# 28

"자네가 큰 행운을 얻어서 10만 마르크를 벌었다고 들었네. 이제 그 돈으로 무얼 할 작정인가?"
"가장 큰 근심에 빠지겠지."

# 29

의지가 굳지 못한 사람은 증권 전문가를 상대하지 말라. 전문가들이 말하는 것이 부정적인 영향만을 끼칠 수 있기 때문이다.

# 30

투자자에게 가장 큰 충격은 예감했던 것임에도 불구하고 엄청난 실수를 저지르게 되는 경우다. 그런 일이 일어나는 이유는 투자자가 다른 사람의 영향을 받았기 때문이다.